# 啟發課程
## 手冊

*Alpha*

啟發課程手冊
The Alpha Course Manual（Traditional Chinese Version）



ISBN 978-981-08-4439-4

出版者 (Published by) ： AAP Publishing Pte Ltd
電子信箱（Ｅｍａｉｌ）： publishing@alphaap.org
網站（Ｗｅｂｓｉｔｅ）： www.alpha.org

經銷 (Distributed by)： 道聲出版社 (Taosheng Publishing House)
電話（Ｔｅｌｅｐｈｏｎｅ）： 02-2393-8583
電子信箱（Ｅｍａｉｌ）： book@mail.taosheng.com.tw
網 站（Ｗｅｂｓｉｔｅ）： www.taosheng.com.tw

Printed in Taiwan by Taosheng Publishing House

# 目　　　錄

# 勇闖巔峰，之後如何？

## 導 論

- 反駁基督教信仰的論據
- 世人對基督教信仰的誤解

基督教信仰與日常生活有何關係？

## 一、走出生命的迷宮

- 生命的意義何在？
- 哪些是生命中重要的問題？

～我在世上做甚麼？
～人生的目標是甚麼？
～我往哪裏去？

耶穌說：「我就是道路。」



筆　記

---

耶穌說：「我就是道路、真理、生命。」
（約翰福音14：6）

<table>
<tr><td>

**筆　　記**

_________________________

_________________________

_________________________

_________________________

_________________________

_________________________

_________________________

_________________________

_________________________

_________________________

_________________________

_________________________

_________________________

</td><td>

## 二、亂世中的真相

「信甚麼」有所謂嗎？
- 明白「真理」
- 體驗「真理」

耶穌說：「我就是真理。」

## 三、為黑暗世界帶來光明

- 人按神的形像受造
- 人生而有犯罪傾向
- 藉著基督可得寬恕

耶穌說：「我就是生命。」

## 結　論

- 基督教信仰絕不沉悶，
  卻是活出豐盛生命之道
- 基督教信仰絕非捏造，
  卻是千真萬確的真理
- 基督教信仰更非可有可無，
  可以徹底改變你一生

</td></tr>
</table>

為甚麼信耶穌？
*Why Jesus?*
甘力克 Nicky Gumbel 著

為甚麼有聖誕節？
*Why Christmas?*
甘力克 Nicky Gumbel 著

筆　　　記

# 第 1 講

# 耶穌是誰？

## 導 論

1）耶穌是歷史人物

- 耶穌事跡的史實：（新約聖經以外）

  ～古羅馬歷史學家：塔西佗（Tacitus）、
    蘇埃托尼烏斯（Suetonius）

  ～古猶太歷史學家：約瑟夫（Josephus）

- 新約聖經的史實：

  ～布魯斯（F. F. Bruce）

問題：
我們怎能確定現有的歷史文獻，就是起初寫下的文本？

| 文獻 | 著述年代 | 最早文本 | 相距 | 文本數目 |
|---|---|---|---|---|
| 希羅多德 | 主前488-428年 | 主後900年 | 1300年 | 8 |
| 德薛達迪 | 約主前460-100年 | 約主後900年 | 1300年 | 8 |
| 塔西佗 | 主後100年 | 主後1100年 | 1000年 | 20 |
| 凱撒大帝高盧戰爭 | 主前58-50年 | 主後900年 | 950年 | 9-10 |
| 李維的羅馬歷史 | 主前59-主後17年 | 主後900年 | 900年 | 20 |
| 新約聖經 | 主後40-100年 | 主後130年（全文手寫文本 主後350年） | 30-310年 | 希臘文約5,000 拉丁文約10,000 其他文字約9,300 |

2）耶穌是完全的人
  • 耶穌有肉身
    疲倦（約翰福音4：6）
    飢餓（馬太福音4：2）
  • 耶穌有人的感情
    敢恨（馬可福音11：15-17）
    敢愛（馬可福音10：21）
    敢在人前表露憂傷
    （約翰福音11：32-36）
  • 耶穌有凡人的經驗
    受試探（馬可福音1：13）
    學習（路加福音2：46-52）
    工作（馬可福音6：3）
    服從（路加福音2：51）

問題：
耶穌只是一個偉人嗎？
耶穌只是一位偉大的宗教家嗎？
　　　　（馬太福音16：13-17）

# 一、耶穌如何描述自己？

1）耶穌的教訓以自己作為中心主
　題
  • 我是……
    「我就是生命的糧」
    （約翰福音6：35）
    「我是世界的光」
    （約翰福音8：12）
    「復活在我，生命也在我」
    （約翰福音11：25-26）

| 筆　　　記 |
| --- |
|  |

<table>
<tr><td>

# 筆　　記

</td><td>

「我就是道路、真理、生命」
（約翰福音14：6）

- 「在我國裏」
  （路加福音22：30）
- 「到我這裏來」
  （馬太福音11：28-29）
- 「來跟從我」
  （馬可福音1：17）
- 接待耶穌就是接待神
  （馬太福音10：40；馬可福音
  9：37）
- 看見耶穌就是看見神
  （約翰福音14：9）
- 耶穌要求門徒愛祂過於一切
  （馬太福音10：37；路加福音
  14：26）

2）耶穌的間接宣稱
- 赦免世人的罪（馬可福音2：
  5）
- 審判世界（馬太福音25：31-
  32、40、45）

3）耶穌的直接宣稱
- 彌賽亞（馬可福音14：61-62）
- 神的兒子（馬可福音14：61）
- 三一神的第二「位」聖子
  ～「……還沒有亞伯拉罕
  就有了我」（約翰福音8：
  58）

</td></tr>
</table>

~「我的主，我的神」（約
　翰福音20：28-29）

~「將自己當作神」（約翰
　福音10：30-33）



「如果耶穌只是凡人，卻說出〔新約聖經所記的〕那些話，祂就絕不可能只是萬世師表！祂要麼是瘋子（而且是瘋癲透頂的瘋子），要麼是地獄的惡魔——人必須作出決定：耶穌若非神子，就必然是瘋子或惡魔……不要再自以為是判定耶穌是甚麼『萬世師表』！祂的言行催逼我們選定一生的路向——這當中不存在模稜兩可的選擇！」

魯益師（C. S. Lewis）

## 二、耶穌的宣稱有何憑據？

1）耶穌的教訓

　　例：「登山寶訓」
　　（馬太福音5-7章）

2）耶穌的作為

　　（約翰福音10：37-38）

3）耶穌的品格

4）應驗舊約聖經預言

5）耶穌戰勝死亡
　　復活的證據
　　　a）耶穌的墳墓空了
　　　　各種解釋：
　　　　• 耶穌沒有死
　　　　（約翰福音19：33-34）
　　　　• 門徒偷了耶穌的屍身
　　　　• 猶太權貴偷了耶穌的屍身
　　　　• 盜賊偷了耶穌的屍身
　　　　（約翰福音20：1-9）

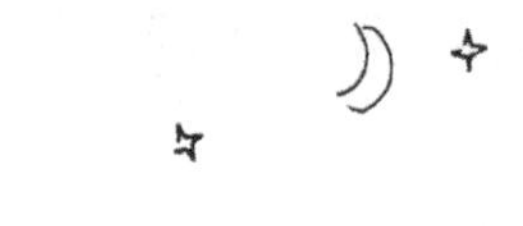

　　　b）耶穌曾向門徒顯現
　　　　• 是集體幻覺嗎？
　　　　• 耶穌顯現的次數
　　　　　～至少在10個不同場合
　　　　　顯現
　　　　　～超過500人見過
　　　　　～耶穌顯現為期6個星期

- 耶穌顯現的性質
（路加福音24：36-43）

c）即時效應

　　基督教會就此出現，並且迅速增長

d）對後世的影響

　　歷代基督徒的親身經驗

# 結　論

「事實擺在眼前，耶穌顯然不是瘋子或惡魔，因此，不論我覺得如何離奇、驚詫、難以置信，仍不得不承認一件事實：耶穌的的確確是神——神曾經成為肉身，來到這被仇敵佔據了的世界。」

魯益師（C. S. Lewis）

建議參閱

生命對答
*Questions of Life*
甘力克 Nicky Gumbel 著

<table>
<tr><td>筆　　記</td></tr>
</table>

## 第 2 講

# 耶穌為甚麼死？

<table>
<tr>
<td width="50%" valign="top">

**筆　　　記**

_______________

_______________

_______________

_______________

_______________

_______________

_______________

_______________

_______________

_______________

_______________

</td>
<td width="50%" valign="top">

## 導　論

十字架是基督教信仰的核心
（哥林多前書2：2）

> 神愛世人，甚至將祂的獨生子賜給他們，叫一切信祂的，不致滅亡，反得永生。
>
> 　　　　　　（約翰福音3：16）

## 一、人面對的難題

「世人都犯了罪⋯⋯」
（羅馬書3：23）

罪的惡果：
- 罪的毒害
    （馬可福音7：20-23）

- 罪的權勢
    （約翰福音8：34）

- 罪的刑罰
    （羅馬書6：23）

- 罪的阻隔
    （以賽亞書59：2）

</td>
</tr>
</table>

## 二、神作了甚麼？

（彼得前書2：24）

「以身代替」
史托德（John Stott）

十字架的苦痛
（以賽亞書53：6）

## 三、耶穌受死的果效

（羅馬書3：21-26）

四個意象：

• 聖殿

「神設立耶穌作挽回祭，是憑
著耶穌的血，藉著人的信」
（第25節）
（希伯來書10：4；約翰一書1：
7）
除去了罪的玷污

• 市集
「基督耶穌的救贖」（第24
節）
打垮了罪的權勢
（約翰福音8：36）

<table>
<tr><td align="center">筆　　　記</td></tr>
</table>

## 筆　　記

- 法院
  「蒙神的恩典……白白地稱義」（第24節）
  擔當了罪的刑罰

- 家庭
  神人得以復和
  「神在基督裏……」
  （哥林多後書5：19）
  消除了罪的阻隔

# 結　論

「神的義」
（羅馬書3：22）

耶穌為你我死
（加拉太書2：20）

建議參閱

**返璞歸真**
*Mere Christianity*
魯益師 C.S.Lewis 著

**真理的尋索**
*Basic Christianity*
史托德 John Stott 著

*Orthodoxy*
G. K. Chesterton 著

# 第 3 講

# 怎樣確定自己信了主？

## 導 論

「若有人在基督裏，他就是新造的人，舊事已過，一切都變成新的了。」
（哥林多後書5：17）

每個人信主的經歷都不一樣，有的改變非常明顯，有的循序漸進。

我們接受耶穌，
我們就成為神的兒女
（約翰福音1：12）
（注意：相信＋接待）

神願意我們確知自己得著了神兒女的名分。

「我將這些話寫給你們信奉神兒子之名的人，要叫你們知道自己有永生。」
（約翰一書5：13）



筆　　記

# 一、神的話語

人的感覺起伏不定，容易受種種因素影響，因此我們不可信任感覺，卻要信靠神的應許

「我要進到……」
（啟示錄3：20）
「我就常與你們同在……」
（馬太福音28：20）
「我又賜給他們永生……」
（約翰福音10：28）

信心＝持定神的應許，敢於全心信靠

# 二、耶穌的大功

罪得赦免與否，不在乎我們如何努力，只在乎耶穌基督在十字架上所成就了的大功。藉著耶穌的大功，我們才可以與神復和。

- 神的禮物（羅馬書6：23）
- 神愛我們，為我們死，神的愛就在此顯明了（約翰福音 3：16）
- 耶穌為我們承擔一切罪債（以賽亞書53：6；哥林多後書5：21）

# 三、聖靈的印證

我們信了耶穌，聖靈就會進到我們
心中居住（羅馬書8：9）

1）聖靈從我們裏面改變我們
  • 我們的品格
  （加拉太書5：22-23）
  • 我們與人、與神的關係
你有否經歷過下列的改變？
  ～對神產生愛慕
  ～渴慕讀聖經
  ～被寬恕和寬恕人

  ～比從前更懂得關心人
  ～樂意敬拜神
  ～喜愛與基督徒相交

<table>
<tr><td align="center">筆　　　記</td></tr>
</table>

2）聖靈幫助我們確實地相信我們是神的兒女（羅馬書8：15-16）

建議參閱

### 逃
*Run Baby Run*
尼基哥魯茲 Nicky Cruz 著

### 虎穴亡魂
大衛韋克遜 David Wilkerson 著

### 密室
*The Hiding Place*
彭柯麗 Corrie Ten Boom 著

---

筆　　記

# 第 4 講

# 為甚麼要禱告？怎樣禱告？

## 一、禱告是甚麼？

（馬太福音6：5-13）

禱告是我們生命中最要緊的事
人禱告之際，神的三個「位格」
（父、子、聖靈）都在工作

1）向父禱告（馬太福音6章）
「你……的父」（第6節）
內在的神

「天上的父……」（第9節）
超越的神
（馬太福音6章）

2）藉著聖子禱告（以弗所書2：18）

3）靠著聖靈禱告（羅馬書8：26）

## 二、為甚麼要禱告？

（馬太福音6：6）

1）效法耶穌（馬可福音1：35）
（路加福音6：12，9：18、28，11：1）
「你禱告的時候」

筆　記

"最重要？"
"嗯…嘿…那足球呢？"

2）與神建立關係

3）禱告的得著
　　（馬太福音6：6）
　　• 喜樂
　　（約翰福音16：24）
　　• 平安
　　（腓立比書4：6-7）

4）禱告的果效
　　（馬太福音7：7-11）

# 三、神一定答允禱告嗎？
　　（馬太福音7：7-11）

可是：
1）有罪不認（以賽亞書59：2）

2）不饒恕人（馬太福音6：14-15）

3）悖逆硬心（約翰一書3：21-22）

4）動機不對（雅各書4：2-3）

5）誤解神的旨意
　　「好東西」
　　（馬太福音7：11）
　　好／不好／等一下

神說「不好」的原因：

筆　記

「如果我們求的是惡事、或對
我們（或其他人）會帶來（或
直接、或間接、或即時、或長
遠）惡果，神就不會應允我們
的祈求。」

史托德（John Stott）

## 四、怎樣禱告？

A—敬拜讚美
C—認罪
T—感恩
S—祈求

以「主禱文」（馬太福音6：9-13）
為指引：

- 「我們在天上的父」（第9節）
- 「願人都尊 的名為聖」（第9
  節）
- 「願 的國降臨」（第10節）
  ～神的管治與權柄降臨人間
  ～主耶穌再來
  ～神的國度彰顯人前
- 「願 的旨意行在地上，如同
  行在天上」（第10節）
- 「我們日用的飲食，今日賜給
  我們」（第11節）

「一切維持今世生命所需之事，
譬如：食物、健康、氣候、居
所、妻兒、德政、和平」

馬丁路德（Martin Luther）

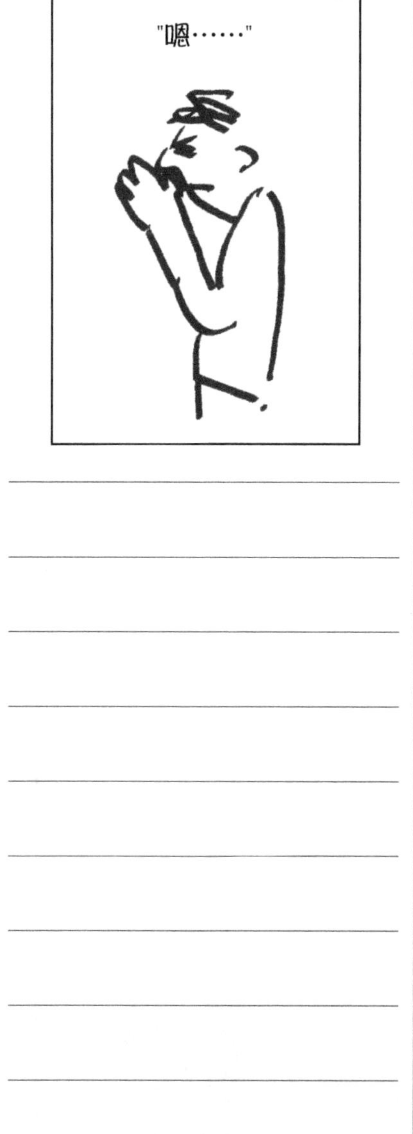

• 「免我們的債，如同我們免了
人的債」（第12節）
• 「不叫我們遇見試探，救我們
脫離兇惡」（第13節）

## 五、何時禱告？

1）常常禱告

（帖撒羅尼迦前書5：17）
（以弗所書6：18）

2）獨自禱告（馬太福音6：6）
定時禱告
頭腦最清醒的時候（馬可福音
1：35）

3）與別人一起禱告（馬太福音
18：19）

建議參閱

**你也能忙中取靜**
*Too Busy not to Pray*
海波斯 Bill Hybels 著

---

筆　　　記

# 第 5 講

# 為甚麼要讀聖經？怎樣讀聖經？

## 導 論

聖經銷量無匹
聖經威力無量
聖經珍貴無雙

## 一、神說了——「啓示」

神所默示
讀經時碰到的困難

- 歷史性的困難（路加福音3：1-2）
- 道德上的困難（例如：苦難的發生）

（提摩太後書3：16-17）
聖經是Theopneustos——「神口所出的」，對下列事情都有幫助：

- 教訓
- 督責
- 使人歸正
- 教導人學義

筆　　記

筆　　　記

因此，聖經是我們的生活指南

# 二、神向我們說話——「關係」

「因信基督耶穌得救」
（提摩太後書3：15；約翰福音5：39-40）

1）神向未信者說話

（羅馬書10：17；約翰福音20：31）

2）神向基督徒說話
- 效法耶穌（哥林多後書3：18）
- 在困苦中仍可有喜樂平安（詩篇23：5）
- 得著神的指引（詩篇119：105）
- 得著健康、得著醫治（箴言4：20-22）
- 免受邪靈攻擊（馬太福音4：1-11）
- 神的話大有能力（希伯來書4：12）
- 因神的道得潔淨（約翰福音15：3）

# 三、怎樣藉著聖經聆聽神的聲音？

1）時間
- 好好計畫
- 定時進行

2）地方
- 「曠野」（馬可福音1：35）

3）方法
- a）求神向我們說話
- b）用心讀（可使用讀經指引幫助理解經文）
- c）問自己三個問題：
  - 這段經文的內容是甚麼？
  - 這段經文有甚麼意思？
  - 怎樣應用這段經文？
- d）以禱告回應所領受的教訓

<table>
<tr><td>筆　　　記</td></tr>
</table>

e）實踐領受了的教訓
　　「凡聽見我這話就去行的
　　……」（馬太福音7：24）

建議參閱

新舊約聖經
*Holy Bible*

*How to Read the Bible for all Its Worth*
Gordon Fee & Douglas Stuart 著

證主聖經手冊
*Lion Handbook to the Bible*

30天（暫譯）
*30 Days*
甘力克 Nicky Gumbel 著

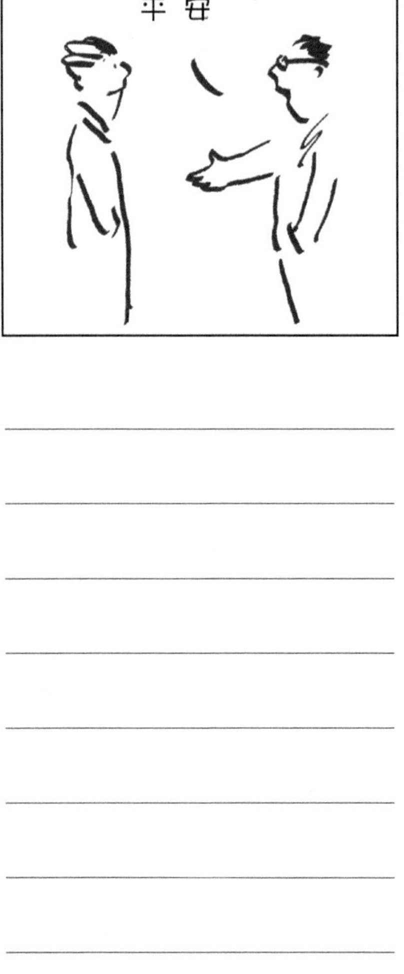

<h1 style="text-align:center">第 6 講</h1>

<h1 style="text-align:center">神怎樣指引我們？</h1>

## 導 論

人生有各種決定：友情、婚姻、子女、家庭、職業、時間分配、錢財運用……

1）神應許指引我們的前路
  （詩篇32：8）
  （約翰福音10：3-4、27）
2）神為我們定下一生計畫
  （耶利米書29：11）
  （羅馬書12：2）
  （約翰福音10：10、15）
3）作出重大決定前必須求問神
  （以賽亞書30：1-2）

耶穌是遵行父神旨意的典範
  （路加福音4：1；約翰福音5：19）

**筆　　　記**

_______________

_______________

_______________

_______________

_______________

_______________

_______________

_______________

_______________

_______________

_______________

_______________

_______________

_______________

_______________

_______________

4）我們必須敬畏神，在神面前謙卑（詩篇25：9、14）

「我是主的僕人，願意遵行一切吩咐」（路加福音1：38）

## 一、聖經經文

1）普通準則

（提摩太後書3：16）
工作處事，管理錢財，夫妻相處，教養孩童、照顧長輩之道

2）特定指示

（詩篇119：105、130-133）
藉著某一節（或幾節）經文向我們說話

## 二、聖靈催促

（使徒行傳20：22）

「他們認得祂的聲音」
（約翰福音10：3-4；使徒行傳16：7）

1）聖靈會在人禱告時向人說話
（使徒行傳13：1-3）
- 好主意
- 深刻印象
- 感動

2）聖靈有時會賜下強烈的意願

「你們立志行事，都是神在你們心裏運行，為要成就祂的美意。」 （腓立比書2：13）

3）神有時用不尋常的方式指引人
- 預言，例：亞迦布
（使徒行傳11：27-28，21：10-11）
- 夢（馬太福音1：20）
- 異象／圖畫（使徒行傳16：10）
- 天使
（創世記18章）
（馬太福音2：19）
（使徒行傳12：7）
- 可聽見的聲音（撒母耳記上3：4-14）

4）要試驗是否出自神（約翰一書4：1)
- ～它可以激發愛心嗎？（約翰一書4：16)
- ～它與經文教導相符嗎？
- ～它是造就、安慰及勸勉嗎？（哥林多前書14：3)
- ～它有「基督的平安」在心中嗎？（歌羅西書3：15)

# 三、常識判斷

「你不可像那無知的騾馬，必用嚼環彎頭勒住牠；不然，就不能馴服。」（詩篇32：8-9)

| 筆　　記 |
| --- |

<table>
<tr><td>

**筆　　記**

_______________

_______________

_______________

_______________

_______________

_______________

_______________

_______________

_______________

_______________

_______________

_______________

_______________

_______________

_______________

</td><td>

「我所說的話，你要思想，因為凡事主必給你聰明」
（提摩太後書2：7）

「神應許會指引我們，不等於說我們從此不用動腦筋」
史托德（John Stott）

例：擇偶、選擇職業
（哥林多前書7：17-24）

## 四、聖徒忠告

「智慧人肯聽人的勸教」
（箴言12：15）

「不先商議，所謀無效；謀士眾多，所謀乃成」（箴言15：22）

「計謀都憑籌算立定」
（箴言20：18）

可是必須注意：
- 對自己的決定要全權負責
- 想清楚該向哪些人問意見

## 五、環境印證

「人心籌算自己的道路，惟有耶和華指引他的腳步」（箴言16：9）

</td></tr>
</table>

詩篇37：5

神有時封斷我們的路
（使徒行傳16：7）

神有時為我們開路
（哥林多前書16：9）

要勘察形勢，但不要受形勢所限
我們在逆境中需要忍耐

## 結　論

1）忍耐等候

2）人人都會犯錯——但神願意寬
　　恕我們（約珥書2：25）

羅馬書8：28

建議參閱

*Listening to God*
Joyce Huggett 著

筆　記

「亞伯拉罕既恆久忍耐，
就得了所應許的。」
（希伯來書6：15）

# 聖 靈 是 誰 ？

筆 記

## 導 論

長久以來，教會的人對聖靈的位格
與工作缺乏認識
原因有幾個：

忽視
- 把注意力較多
  放在聖父與聖
  子上

誤解
- 聯想到「鬼」
  的事情上去

抗拒
- 以為聖靈要「支配」一切事

## 一、聖靈參與創世

- 從混亂中創出秩序（創世記1：
  1-2）
- 帶給人生命（創世記2：7）

# 二、聖靈在特定的時間、降臨在特定的人身上、執行特定的任務

例如：

- 比撒列——藝術創意
  （出埃及記31：1-5）
- 基甸——領導才能
  （士師記6：14-16、34）
- 參孫——大能大力
  （士師記15：14-15）
- 以賽亞——先知預言
  （以賽亞書61：1-3）

# 三、聖父應許賜下聖靈

一件「新事」的應許

- 「他們都必認識我」
  （耶利米書31：31-34）
- 「我必將我的靈放在你們裏面」
  （以西結書36：26-27）

| 筆　　記 |
| --- |

| 筆　　記 |
| --- |

- 「這水是從聖所流出來」（以西結書47章）
- 「我要將我的靈澆灌凡有血氣的」（約珥書2：28-29）

- 可是約珥的預言宣告了（超過）三百年還沒有成就

幾乎所有與耶穌出生有關的人都被聖靈充滿，可是仍只限於一小部分

| 施洗約翰 | （路加福音 1：14-15） |
| --- | --- |
| 馬利亞 | （路加福音 1：35） |
| 以利沙伯 | （路加福音 1：41） |
| 撒加利亞 | （路加福音 1：67） |
| 西面 | （路加福音 2：25-27） |

## 四、施洗約翰把耶穌和聖靈連在一起

（路加福音3：16）

「受洗」的希臘原文baptidzo有「覆蓋」、「淹沒」、「浸透」的意思

耶穌是被聖靈充滿的典範

耶穌受洗時藉著聖靈膏抹領受神的權能
（路加福音3：22，4：1、14、18）

# 五、耶穌預言聖靈降臨

（約翰福音7：37-39）

耶穌又吩咐門徒要在城裏等候，好領受從上頭來的能力
（路加福音24：49；使徒行傳1：4-5、8）

（使徒行傳2：2-4）
在五旬節那一天，門徒都被聖靈充滿，還領受了：

- 新的方言（使徒行傳2：4-12）
- 新的膽量（使徒行傳2：14）
- 新的權柄（使徒行傳2：37-41）

# 結 論

我們今天活在聖靈的年代，神應許每一個基督徒都可以得著聖靈
（使徒行傳2：37-39）

建議參閱

追龍
*Chasing the Dragon*
潘靈卓 Jackie Pullinger 著

筆　　記

「眾人聽見這話，覺得扎心，就對彼得和其餘的使徒說：『弟兄們，我們當怎樣行？』……那一天，門徒約添了三千人。」
（使徒行傳2：37、41）

# 聖靈有甚麼工作？

**筆　　　記**

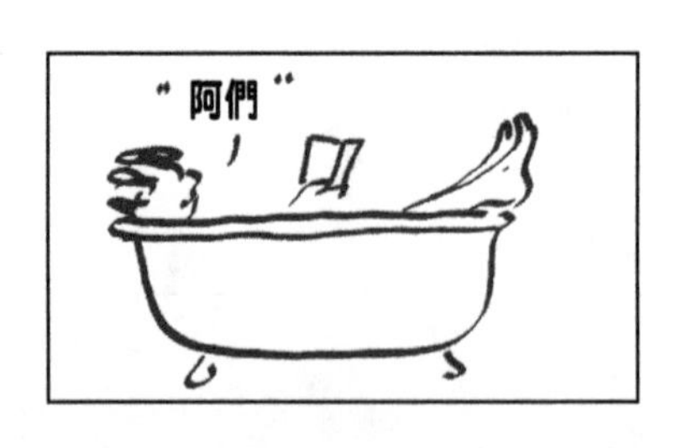


## 導　論

新生命（約翰福音3：3-8）

歸入家庭

## 一、神的兒女

1）得著神的赦免（羅馬書8：1-2）

2）成為神的後嗣
（羅馬書8：14-17）
- 最大的特權（第14節）
- 最親的群體（第15節）
- 最深的感受（第16節）
- 最穩的盼望（第17節）

## 二、建立關係
（以弗所書2：18）

1）聖靈幫助我們禱告
（羅馬書8：26）

2）聖靈幫助我們明白神的話語
（以弗所書1：17-18）

# 三、家族特徵

（哥林多後書3：17-18）

（加拉太書5：22-23）

# 四、主內一家

（以弗所書4：3-6）

# 五、每一個兒女的禮物

每一個家庭成員都是獨一無二
（哥林多前書12：1-11）

- 無條件的恩賜
- 為每一個基督徒而設
- 為了眾人的益處

# 六、生養眾多

- 聖靈賜我們動力與能力為基督作
  見證
- 聖靈賜人能力為主作工
  （使徒行傳1：8）

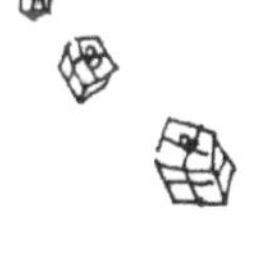

**筆　　　記**

<table>
<tr><td>

**筆　　　記**

_______________

_______________

_______________

_______________

_______________

_______________

_______________

_______________

_______________

_______________

_______________

_______________

_______________

_______________

</td><td>

# 結　論

每一個基督徒都有聖靈居住心中
（羅馬書8：9），但並非每一個基
督徒都被聖靈充滿

「要被聖靈充滿」
（以弗所書5：18-20）

怎樣可以被聖靈充滿？
（啟示錄22：17）

建議參閱

改變生命之主第1-4冊（暫譯）
*The God Who Changes Lives*
Mark Elsdon-Dew編著

</td></tr>
</table>

## 營 會 講 座 **3**

# 怎樣被聖靈充滿？

## 導 論

使徒行傳所記的聖靈降臨情況：

1）渴慕（五旬節——使徒行傳2：2-4）

2）領受（撒瑪利亞——使徒行傳8：14-23）

3）敵對（使徒保羅——使徒行傳8：1、3，9：1-2）

4）未曾聽見（以弗所——使徒行傳19：1-6）

5）希奇（外邦人——使徒行傳10：44-47）

當聖靈降臨在哥尼流和他家人身上，甚麼事情發生了？
（使徒行傳10：44-46）

## 一、他們經歷了聖靈的能力

「聖靈降臨在一切聽道的人身上。那些奉割禮……的信徒，見聖靈的恩賜也澆在外邦人身上，就都希奇。」
（使徒行傳10：44-45）

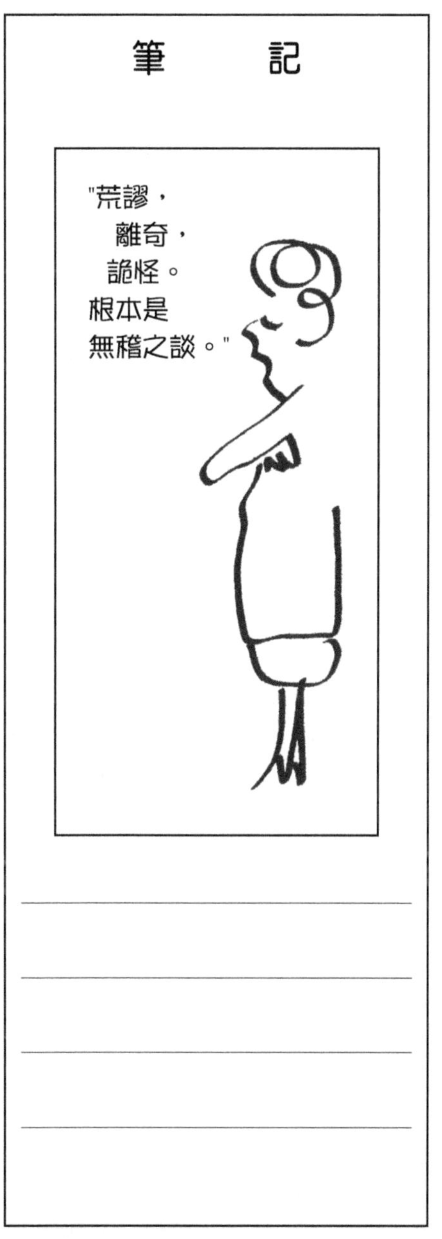

每個人的經驗不同
　（使徒行傳8：16）
　（羅馬書5：5）
　（以弗所書3：14-19）

聖靈所結的果子

# 二、他們放聲頌讚神

「聽見他們……稱讚神為大」
（使徒行傳10：46）
- 對「表達情緒」的恐懼
- 人際交往必然涉及感情交流
- 「私底下」與「公開地」
- 「真情流露」與「盲目煽動」

# 三、他們得著新的方言

「聽到他們說的方言」
（使徒行傳10：46）
1）並非所有基督徒都說方言
- 未必是被聖靈充滿的標記
- 基督徒沒有等級之分
- 不是最重要的聖靈恩賜

2）說方言的恩賜是甚麼？
- 人或天使的語言（哥林多前書13：1）
- 一種禱告的方式（哥林多前書14：2）
- 造就說方言的人

- 突破人類語言的局限
  （哥林多前書14：14）
- 說方言的人可以控制自己說或
  不說

3）說方言有甚麼益處？
- 敬拜／讚美
- 為自己禱告
- 為別人禱告

4）新約聖經贊成人說方言嗎？
  （哥林多前書14章）
- 寫作背景：哥林多信徒在公開
  聚會濫用說方言的恩賜
- 可是……（第5、18、39節）
- 「私底下說」與「公開地說」

5）怎樣可以得著說方言的恩賜？
- 「要切慕」
  （哥林多前書14：1）
- 向神求
- 與聖靈合作
- 憑信心
- 耐心等待

## 結　論

阻攔人被聖靈充滿的三大障礙（路
加福音11：9-13）

- 疑惑（第9-10節）
- 恐懼（第11-13節）
- 自卑（第13節）

建議參閱

**認識保羅的聖靈觀 ── 聖靈與神
在末世的百姓**
戈登費依 Gordon D.Fee 著

*The Mystery of Pentecost*
Raniero Cantalamessa 著

## 第 7 講

# 怎樣抵擋邪惡？

# 導 論

羅馬書12：21

屬靈爭戰的事實
撒但＝墜落天使？
（以賽亞書14章；路加福音10：
　17-20）

舊約聖經：
（約伯記1章；歷代志上21：1）

新約聖經：
魔鬼是有「位格」的靈物，牠不斷
敵擋神，並領導一大群鬼魔一起悖
逆神
（以弗所書6：11-12）

不可低估撒但鬼魔的權勢
• 大有能力
• 邪惡不堪
• 陰險狡猾

## 一、為甚麼相信有魔鬼？

1）聖經的啟示（經文）
　• 舊約聖經記載
　• 耶穌親身經歷
　• 使徒彼得的教導

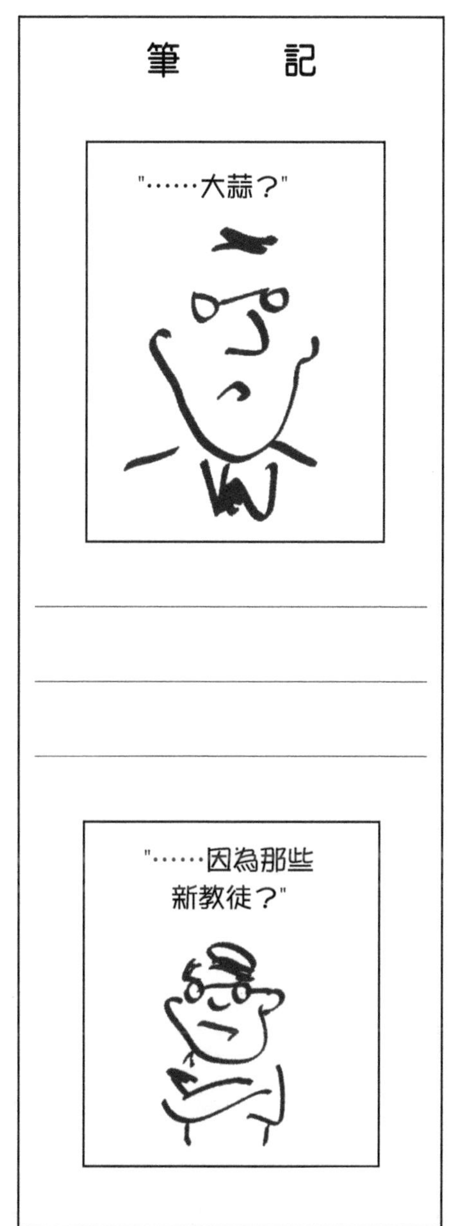

## 筆　　記

　

（彼得前書5：8-11）
- 使徒保羅的教導
  （以弗所書6：11-12）

2）歷代基督徒的經驗（教會聖徒傳統）
- 初期教會教父
- 宗教改革家
- 一般基督徒

3）常識判斷印證（推斷）

兩個錯誤：
- 斷然否定魔鬼存在
- 過份對魔鬼感興趣
  （申命記18：10）

# 二、魔鬼有何詭計？
（創世記3章）

1）毀滅全人類
（約翰福音10：10）

2）蒙蔽世人的心眼
（哥林多後書4：4）

3）製造疑惑
（創世記3：1）
（馬太福音4：3，6）

4）施試探（創世記3：6）
　　特權、禁令、刑罰


　　人違抗神禁令的後果
　　（創世記3章）
　　• 羞愧（第7節）
　　• 與神關係斷絕
　　　～「躲避耶和華神的面」（第
　　　　8節）
　　　～「害怕」（第10節）
　　• 推卸責任（第11-13節）

5）毀謗
　　• 在神背後說神壞話
　　• 在神面前控訴人
　　　（啟示錄12：10）


# 三、我們的位置
　　（歌羅西書1：13）

撒但已在十字架上被基督打垮
（歌羅西書2：15）
耶穌賜給門徒勝過鬼魔的權柄
（路加福音10：17-20）

| 黑暗權勢 | 光明國度 |
|---|---|
| 撒但 | 耶穌 |
| 犯罪 | 赦罪 |
| 罪的奴僕 | 神的奴僕 |
|  | （即：在主內得自由） |
| 死亡 | 生命 |
| 毀壞 | 救恩 |

**筆　　記**

# 四、我們的作戰裝備
（以弗所書6章）

「要穿戴神所賜的全副軍裝，就能抵擋魔鬼的詭計。」
（以弗所書6：11）

六種實用的提示：
1）專注在耶穌上——「真理的腰帶」（第13-14節）
- 把基督的要義／真理藏在心中，就能識破撒但的謊言（約翰福音8：32）

2）與神有和好的關係——「公義的護心鏡」（第14節）
- 因信基督而來的義（腓立比書3：9）
- 保障心靈免受罪疚煎熬

3）作好準備、服事他人——「平安福音的鞋」（第15節）

- 隨時樂意傳揚耶穌基督的福音
  （以賽亞書52：7-10）

4）雖經患難，堅信不移——「信
  心的盾牌」（第16節）
  - 不讓懷疑、不信來轄制思想

5）勝過自己的心思——「救恩的
  頭盔」（第17節）
  - 「過去」、「現在」、「將
    來」
  - 保障心思免受仇敵質疑指控

6）熟讀聖經——「聖靈的寶劍」
  （第17節）
  - 神的道
  - 惟一的進攻武器
    （希伯來書4：12）

# 五、怎樣進攻？

「全世界都臥在那惡者手下」
（約翰一書5：19）

如何拓展神的國度？

1）禱告
  （以弗所書6：18）

筆　　記

**筆　　記**

「我們爭戰的兵器本不是屬血氣的，乃是在神面前有能力，可以攻破堅固的營壘。」
（哥林多後書10：4）

2）行動（路加福音7：22）
- 傳道
- 趕鬼
- 醫治等等

建議參閱

### 地獄來鴻
*The Screwtape Letters*
魯益師 C. S. Lewis 著

第 8 講

# 為甚麼要傳福音？怎樣傳福音？

## 導 論

- 主耶穌頒佈的大使命
  （馬太福音28：16-20）
- 世人的急切需要
- 福音＝好消息
  （關乎耶穌的好消息）

兩大極端：

- 不理會別人感受
- 太敏感別人感受

傳福音應該是我們與神相交的自然
果子

與聖靈同工

筆　　　記

# 一、生活上作榜樣
（馬太福音5：13-16）

耶穌呼召我們作鹽作光（第13-14節）

別人知道我們是基督徒，就會留意我們的生活言行（第16節）
例：我們的配偶

> 「若有不信從道理的丈夫，他們雖然不聽道，也可以因妻子的品行被感化過來；這正是因看見你們有貞潔的品行和敬畏的心。」
>
> （彼得前書3：1-2）

# 二、以理服人

「我們既知道主是可畏的，所以勸人」（哥林多後書5：11；使徒行傳17：2-4）

我們要盡力解答別人對基督教信仰的疑問
例：「其他宗教都不好嗎？」
　　「為甚麼慈愛的神容許世上有苦難？」

## 三、宣 講

（約翰福音1：39-46）

1)「你們來看」

神沒有呼召我們人人做「傳教士」，卻呼召我們人人「傳福音」（第41節）

2）分享自己信主的經歷

（參看本章末之<附錄>）

## 四、靠主力量

神的力量在我們生活中所做的工（哥林多前書2：1-5）

## 五、不斷禱告

• 求神打開世人的心眼
（哥林多後書4：4）
• 求神賜我們膽量
（使徒行傳4：29-31）

筆　　　記

<table>
<tr><td>



</td><td>

## 結　論

必須努力不懈的與人談論耶穌
（羅馬書1：16）

建議參閱

**尋尋問問**
*Searching Issues*
甘力克 Nicky Gumbel 著

*The Case Against Christ*
John Young 著

</td></tr>
</table>

# 附 錄

## 怎樣與人分享自己信主的經歷？

建議：

1）說見證必須簡短（最好可以在三分鐘之內講完），大部分人聽話的耐性只有三分鐘

2）態度要親切誠懇，切忌說教

（多說「我」、「我們」，少說「你」、「你們」）

3）以耶穌基督為主題——我們勸人跟隨主，不是跟隨我們！

4）標準架構
- 信主前的情形
- 信主的經過
- 信主後的改變

5）把要對人說的見證先完完本本的筆錄下來——這樣可讓你刪掉含糊不清的論點與描述！

<table>
<tr><td>筆　　　記</td></tr>
</table>

**筆　　　記**

_______________

_______________

_______________

_______________

_______________

_______________

_______________

_______________

_______________

_______________

_______________

_______________

_______________

主耶穌基督：

我從前做了很多錯事，現在真的後悔了。

（你可以用幾分鐘時間想想自己犯過的錯事，然後求神赦免。）

主耶穌啊，求祢赦免我，我要改過自新，不再故意觸犯祢的誡命。

感謝祢為我的罪死在十字架上，讓我得著赦免，並從罪中得釋放。

感謝祢願意隨時赦免我，又賜聖靈進入我心。我要領受祢的赦免，也要領受祢的聖靈。

主耶穌啊，求祢藉著聖靈常常與我同在。

主耶穌啊，我感謝祢聽我的禱告。阿們。

# 神今天還醫治人嗎？

## 導 論

- 你所屬的教會曾否經歷過神醫治人的事？
- 你自己曾否經歷過神的醫治？

## 一、聖經根據

1）舊約聖經
- 神的應許
（出埃及記23：25-26）
（詩篇41：3）
- 神的屬性
「我耶和華是醫治你的（神）」
（出埃及記15：26）
- 神醫治人的實例
（列王紀下5章；以賽亞書38-39章）

2）耶穌的服事
- 耶穌教訓人
神的國（馬可福音1：15）
宣講＋行動
- 耶穌醫治人
新約福音書有四分之一篇幅記述醫治的事（馬太福音4：23）

<table>
<tr><td>筆　　記</td></tr>
</table>

## 筆　　記

圖解1

| 這個世代 | 未來世代 |

圖解2

未來世代以原則實現　　未來世代

耶穌第一次降臨　｜　我們現在生活的世代　｜　耶穌第二次降臨

這個世代

• 耶穌差遣人
～差遣12門徒
（馬太福音9：35-10：8）
（路加福音9：1）
～差遣72門徒
（路加福音10：1-20）
～差遣所有基督徒
（馬太福音28：16-20）
（馬可福音16：15-20）
（約翰福音14：9-14，特別注意第12節）

## 二、初期教會的醫治實例

• 醫治神蹟例證
（使徒行傳3：1-10，5：12-16）

• 初期教會歷史
例：愛任紐（主後140-203年）
　　奧利金（主後185-254年）
　　奧古斯丁（主後354-430年）

## 三、怎樣為人禱告求神醫治？

1）要說話簡潔

2）要真心愛人
（馬可福音1：41；馬太福音9：36）

3）知識的言語
  • 圖像
  • 同情性的痛楚
  • 感動、想法
  • 聽見或看見字句
  • 一邊說、一邊領受神的話

4）開聲禱告
  • 哪裏有不適？
  • 為甚麼會生病？
  • 該怎樣禱告？
  • 接受禱告的人有甚麼感覺？
  • 然後怎麼辦？

# 結　論

必須持之以恆

建議參閱

*Dancer Off Her Feet*
Julie Sheldon 著

# 第 1 0 講

# 教會是甚麼？

<table>
<tr><td>

**筆　　記**

</td><td>

## 導 論

世人對教會常見的誤解：
- 教會＝主日崇拜
- 教會＝聖職
- 教會＝不同宗派
- 教會＝教會建築物

究竟教會是甚麼？

## 一、神的子民

　　（彼得前書2：9-10）

「教會」的希臘文ekklesia意思是「集會」或「會眾」

教會／天國

洗禮是歸入教會的外在標記，洗禮清楚表明：
- 罪得赦免（哥林多前書6：11）

</td></tr>
</table>

- 與基督同死、同復活
  （羅馬書6：3-5）
  （歌羅西書2：12）
- 得著聖靈為印記
  （哥林多前書12：13）

1）普世教會
  （以弗所書3：10、21，5：23、
  25）

今日全世界有19億基督徒
- 受逼迫的教會
- 第三世界
- 自由世界

2）地方教會
  「加拉太的眾教會」
  （哥林多前書16：1）
  「亞西亞的眾教會」
  （哥林多前書16：19）
  「基督的眾教會」
  （羅馬書16：16）

- 細胞小組
  ～小組（4-12人）
  ～建立深厚情誼
  ～三大特徵
    - 口：守口如瓶
    - 心：盡訴心中情
    - 守：彼此守望（約翰一書
      4：19）

筆　　記

- 聚會
  - ～牧養12-50人一組
  - ～會眾有機會認識彼此
  - ～彼此服事（以弗所書4：12）
  - ～使用聖靈恩賜（哥林多前書12：7-11）
  - ～滿有關懷接納的環境
- 慶典
  - ～大型慶祝活動（逾越節、五旬節、新年）
  - ～顯示神的尊榮可畏
  - ～缺點：不易交朋友

## 二、神的家

（以弗所書2：14-18）

- 主內一家（約翰一書4：19-5：1）

- 神是我們的父（約翰福音1：12）

教會的存在是不可抹殺的歷史，從神呼召亞伯拉罕開始，到先知與使徒的服事，直到如今。教會不論大小或受歡迎與否，都無關緊要。教會這偉大的磐石是如此千錘不朽，也是基督信仰的思想核心。

紐畢真（Lesslie Newbigin）

- 要竭力追求合一

- 耶穌為門徒求父神「叫他們合而為一」（約翰福音17：11）

- 「竭力保守聖靈所賜合而為一的心」（以弗所書4：3）

「在骨幹問題上，要合一；在枝節問題上，要寬容；在一切事上，要以愛相待。」

　　梅登斯（Rupertus Meldenius）


• 盡量行善（加拉太書6：10）


• 互相饒恕
（馬太福音18：15、35）
（馬太福音5：23-24）


• 團契溝通（使徒行傳2：42-47）
　～與神（父、子、聖靈）相交
　　（約翰一書1：3）
　　（哥林多後書13：14）
　～與弟兄姊妹相交
　　（約翰一書1：7）
　　（希伯來書10：24-25）


## 三、基督的身體
　　（哥林多前書12：1-27）

「掃羅，掃羅，你為甚麼逼迫我？」（使徒行傳9：4）


• 合而為一（以弗所書4：3-6）
　「聖靈所賜合而為一的心」


• 姿采萬千（第7-11節）
「神把恩賜給予各人」

<table>
<tr><td>筆　　記</td></tr>
</table>

- 唇齒相依（第14-26節）

  「各人做好自己本份，在愛中
  建立基督的身體」

## 四、神的聖殿
　（以弗所書2：19-22）

- 教會的根基是「使徒和先知」
  （第20節）
  新約聖經
- 教會的房角石是耶穌
  （第20節）
- 教會是聖靈居住的所在
  「是聖潔的殿」（第21節）

# 五、基督的新婦

　　（以弗所書5：25-27、32）

* 基督愛教會（第25節）
* 基督對教會的期望
　（第27節）
　（啟示錄21：2）
* 我們的回應（彼得前書2：9）
　～活出聖潔的生命
　～敬拜主
　～見證神

建議參閱

*I Believe in the Church*

David Watson著

筆　　　記

# 如何活得更精采？

羅馬書12：1-21

## 一、怎麼辦？

1）棄絕舊我

「不要效法這個世界」（第2節）

「不要讓你周遭的世界模壓你」

菲利普斯譯本（J. B. Phillips）

2）重頭做起

「只要心意更新而變化」（第2節）

- 真心愛人（第9節）
- 竭誠為主（第11節）
- 關係和諧（第9-21節）

# 二、怎樣做？

- 「將身體獻上……」
  意志的降服
  ～耳朵
  ～眼睛
  ～口舌
  ～雙手
  ～性慾
  ～時間
  ～抱負（馬太福音6：33）
  ～錢財
- 「……當作活祭」
  必須付上代價、作出犧牲
  會有為主受苦的時候

# 三、為甚麼？

- 神凡事為我們設想週到
  「神善良、純全、可喜悅的
  旨意」
- 神為我們已作出莫大犧牲
  「神的慈悲」

建議參閱

**非一般的生命**（暫譯）
*Challenging Lifestyle*
甘力克 Nicky Gumbel 著

*Life in Christ*
Raniero Cantalamessa 著

<table>
<tr><td>筆　　　記</td></tr>
</table>

# 啟發資源

由甘力克牧師所著的啟發書目：

《為甚麼信耶穌？》Why Jesus?

以最簡短、清晰、易明、富挑戰性的文筆來介紹耶穌基督的小冊子。

《生命對答》Questions of Life

輯錄了啟發15講的內容，作者在這15章裏探討基督教的真義，從而證實基督教與我們的日常生活息息相關，使人雀躍。

《尋尋問問》Searching Issues

處理啟發課程裏常被問到的七大問題：苦難、其他宗教、婚前性行為、新紀元、同性戀，科學與基督教及三位一體位格等。

《精采人生》A Life Worth Living

內容透過腓立比書的教導，帶動新朋友建立、鞏固對聖經的認識。（已出版）此書附有錄音帶、錄影帶及手冊，組成啟發跟進課程系列（尚未出版）。

《非一般的生命》（暫譯）Challenging Lifestyle

此系列則基於馬太福音5~7章的登山寶訓，進一步探討耶穌的教導，怎樣對今時今日的民生引起不尋常的挑戰。

《30天》（暫譯）30 Days

這本靈修書由甘力克牧師所選的30篇經文集成，可鼓勵啟發組員及其他有志人士培養讀經習慣。

《復興之火》The Heart of Revival

此書乃根據以賽亞書的十課研經課程。從以賽亞先知的教導中探討復興的含意，更談到我們應如何準備參與神的復興計劃。

## 查詢或訂購請連絡

台灣啟發辦公室 Taiwan Alpha Office　　或　　道聲出版社 Taosheng Publishing House

地址：台灣台北市大安區106新生南路三段86號6樓

地址：台灣台北市大安區106杭州南路二段15號

電話：(886) 2 2363 7186

傳真：(886) 2 2363 8500

電郵：tw_alphacourse@yahoo.com.tw

網址：www.alpha-taiwan.org

電話：(886) 2 2393 8583

傳真：(886) 2 2321 5537

電郵：book@mail.taosheng.com.tw

網址：www.taosheng.com.tw

CPSIA information can be obtained
at www.ICGtesting.com
Printed in the USA
LVHW050817280520
656757LV00007B/24